Printed in Germany
ISBN 3-7707-6284-3

Die Blumen-Uhr

Mit Blüten und ihren Gästen durch das Jahr
gemalt und erzählt von Una Jacobs

Ellermann Verlag

Blumen sind Lebewesen besonderer Art

Unzählige Blumen gibt es auf unserer Erde. Stellvertretend für sie alle siehst du hier einen Löwenzahn. Aber was sollen denn die Tiere rundherum? Das Bild möchte dir zeigen, daß dieser Löwenzahn lebendig ist, genauso wie ein Hase oder ein Schmetterling. Zusammen mit den anderen Pflanzen, mit Tieren und Menschen gehört er zu den *Lebewesen.* Sie alle brauchen Nahrung, wachsen und vermehren sich. Und eines Tages, wenn ihre Zeit vorüber ist, sterben sie.

Aber wie gelingt es den Blumen, möglichst lange zu überleben und jedes Jahr wieder zu blühen und Samen zu bilden? In diesem Buch wirst du erfahren, wie gut sie dafür gerüstet sind. Viele Aufgaben bewältigen sie in ganz ähnlicher Weise wie die Tiere. Zum Beispiel sammeln Tulpen und andere Blumen in dicken Zwiebeln und Knollen Vorräte für schlechte Zeiten, ähnlich wie ein Hamster ② Körner in seinem unterirdischen Bau. Mit spitzen Stacheln und Dornen verteidigen sich Rosen und Disteln so erfolgreich wie ein Igel ⑧.

Natürlich nehmen Pflanzen ihre Umgebung nicht so genau wahr wie etwa ein Waldkauz ⑥. Und doch erkennen sie, wo die Sonne steht und welche Tageszeit es ist. Sie schlafen zwar nicht wie eine faule Katze ③, aber auch sie haben Zeiten, in denen sie ruhen.

Wenn die kleine Grasmücke ④ reichlich gefuttert hat, muß sie das Unverdauliche mit einem Klacks wieder loswerden. Pflanzen lagern ihren Abfall in den Blättern. Im Herbst welken diese und fallen mitsamt allen Giftstoffen ab.

Der Löwenzahn steht fest verwurzelt sein Leben lang an einem Ort. Er dreht allerdings seine Blätter ⑩ zur Sonne und öffnet und schließt seine Blüten ⑪. Auch gehen seine Samen ⑫ auf weite Reisen. Aber er selbst kann sich nicht so frei bewegen wie die Tiere. Deshalb braucht er bewegliche Freunde, die Insekten ⑨. Sie fliegen von Blüte zu Blüte und helfen ihm, Samen zu bilden.

Samen sind die Nachkommen der Pflanzen. In der Pusteblume reifen die Samen des Löwenzahns, die »Löwenzahnkinder«. Damit aus jedem eine kräftige Pflanze wächst, werden sie gut versorgt, ähnlich wie die jungen Schwalben ⑤ im Nest von ihrer Mutter.

Bei Pflanzen gibt es aber auch eine große Besonderheit: Im Gegensatz zu allen anderen Lebewesen brauchen sie zu ihrer Ernährung nichts weiter als Licht, Luft und Wasser aus dem Boden. Daraus stellen sie in ihren Blättern Nahrung her, für sich selbst und für andere. So wie das Löwenzahnblatt hier von einem Hasen ⑦ verspeist wird, so sind überall die Pflanzen Nahrung für hungrige Tiere und auch für uns Menschen. Pflanzen sind deshalb die Grundlage für alles Leben auf der Erde.

Übrigens, um eines muß sich der Löwenzahn nicht kümmern, ums Waschen! Während die kleine Maus ① viel Zeit damit verbringt, ihr Fellchen zu reinigen, spült der Regen einfach den Staub von den Blättern. Ist das nicht praktisch?

Vom Wachsen und Blühen im Frühling

Ein Blumenjahr beginnt. Noch ist es draußen kalt und unwirtlich. Aber wie ein Zeichen dafür, daß auch im Winter das Leben in der Natur nicht aufhört, blüht im Freien jetzt die Christrose ②. Ihre weißen oder rosa angehauchten Blüten erscheinen immer in der kalten Jahreszeit.
Oft liegt noch Schnee, da bimmeln schon die ersten Schneeglöckchen ⑨. Und wenn die Krokusse ④ sich entfalten, ist es wirklich Frühling geworden.
Manchmal liegen die gelben Krokusblüten ganz verwüstet am Boden. Der Übeltäter ist ein Amselmännchen ③. Die Farbe Gelb bringt es richtig in Wut. Gelb ist nämlich die Schnabelfarbe der Amselmännchen. Diese sind jetzt seine Rivalen. Zur Zeit des Nestbaus duldet es sie nicht in seinem Revier. Im Übereifer bekämpft es alles, was gelb ist, und deshalb auch diese gelben Frühlingsboten!
Die Tulpen ① wachsen wie viele Frühlingsblumen aus einer Zwiebel heraus, die tief in der Erde ruht. Schon im letzten Herbst hat sie nicht nur viele Nährstoffe eingelagert, sondern auch die künftigen Blättchen und Blüten gebildet. Fest verpackt und zusammengedrückt warten sie den kalten Winter über auf den Frühling.
Wenn nun die Sonne jeden Tag länger scheint, dringt ihre Wärme immer tiefer in den Boden. Dort unten im Dunkeln wirkt das wie das Läuten eines Weckers. Bei etwa 10 Grad Wärme und genügend Feuchtigkeit beginnen sich die winzigen Blättchen der Tulpe zu dehnen und zu strecken. Die Nahrung dazu liefert die dicke Zwiebel, sozusagen als kräftiges Frühstück nach dem Aufwachen.
Schneeglöckchen und Krokus erwachen schon bei geringer Wärme, also bei einem sehr leisen Ton des Weckers. Deshalb sind sie so früh im Jahr zur Stelle.
Mit zunehmender Wärme, wenn der Wecker immer lauter

schrillt, werden mehr und mehr Blumen zum Wachstum angetrieben. Endlich schieben die Tulpen zwischen ihren Blättern Knospen hervor, und in vielen Gärten und Parkanlagen leuchten Hyazinthen ⑦, Osterglocken ⑧, Weiße Narzissen ⑥ und Primeln ⑤.

Wärme und Kälte, Regen und Wind sagen den Blumen, wann sie das Wachstum starten können. Wie jeder weiß, kann das Wetter recht launisch sein. Aber dadurch lassen sich Blumen in ihrem Jahresprogramm nicht völlig durcheinanderbringen. Sie nutzen nämlich noch einen anderen, zuverlässigeren Zeitgeber: Das ist die *wechselnde Tageslänge.* Wenn nun nach dem Winter die Tage wärmer und länger werden, kann das nur bedeuten: Der Frühling steht vor der Tür. Wenn dann später nach der sommerlichen Wärme die Tage wieder kühler und kürzer werden, heißt das: Der Herbst kommt. Diese feinen, täglichen Veränderungen spüren die Pflanzen sehr genau. Jede Art erkennt daran, wann für sie die richtige Zeit ist aufzuwachen, zu wachsen und zu blühen; wann die Samen reifen müssen, und wann es wieder Zeit ist, sich zurückzuziehen und zu ruhen. So teilen sich die Pflanzen das Jahr gut ein, und alles geschieht in der Jahreszeit, in der es am besten gelingen kann.

Dabei wollen wir den *Blütenpflanzen* – man kann auch einfach Blumen sagen – ein bißchen zusehen. Es spielt keine Rolle, ob sie auf dem Balkon, im Garten oder auf der Wiese blühen. Die Gesetze der Natur sind überall gleich.

So sehen wir Menschen die Blüte

Kriechendes Fingerkraut

So sehen Bienen die Blüte

Die Blüte als Schatzkammer und Gaststube

An den Blumen fallen uns zuallererst ihre herrlichen Blüten auf. Manche sind leuchtend bunt oder dunkel und wie aus Samt, voller Duft oder Gestank, zum Himmel schauend oder zur Erde geneigt. Einige haben lustige Zipfel an ihren Glöckchen, andere einen tiefen Kelch wie die Lilie oder ein ernstes Gesicht wie das Stiefmütterchen.

So verschieden Blüten auch aussehen, so sind sie doch alle nach dem gleichen Plan gebaut. Um die Aufgaben der einzelnen Teile besser zu verstehen, kann man sich eine Blüte wie eine Burg vorstellen, die weithin sichtbar auf einem Hügel thront.

Die äußeren Mauern bilden die derben, meist grünen *Kelchblätter.* Einen zweiten Mauerring stellen die *Blütenblätter* dar, die sich manchmal als Dach über das Blüteninnere wölben. Wie ein fester Turm ragt in der Mitte der *Stempel* empor. Oben trägt er die runzlige *Narbe.* Unten umschließt er mit dicken Wänden die kostbare Schatzkammer, den *Fruchtknoten.* Hier ruht die *Samenanlage,* in der im Laufe des Jahres der Samen entsteht. Er bedeutet für die Pflanze das Allerwichtigste: Er sichert nämlich die Vermehrung, denn aus jedem Samen kann eine neue Pflanze wachsen. Die Blüte versucht deshalb, die Samenanlage vor allen feindlichen Einflüssen zu schützen, vor allem vor Regen und Kälte.

Für Gäste steht das Burgtor der Blüte aber immer offen! Bei uns ist dies eine bunte Gesellschaft aus Bienen, Hummeln, Schmetterlingen und anderen Insekten. In tropischen Ländern gehören auch Vögel und Fledermäuse dazu. Für all diese Besucher leuchten die Blütenblätter weithin sichtbar wie bunter Fahnenschmuck. Tief auf dem Blütengrund wartet meist ein Zuckertröpfchen, der *Nektar.* Die hungrigen Gäste entdecken ihn schnell. Sie brauchen nur dem starken Duft zu folgen. Die hohen *Staubblätter* stehen jedoch sehr im Wege. Immer wieder rempeln die Besucher dagegen, und aus den *Staubbeuteln* rieselt *Pollen* auf sie herab.

Damit niemand den Eingang verfehlt, ist er oft mit einem auffallenden Blütenzeichen markiert. Selbst das kleine Vergißmeinnicht trägt solch ein *Saftmal* als gelben Ring um seine Tür. Wir Menschen können am Fingerkraut und an manchen anderen Blüten allerdings nichts entdecken. Das Saftmal ist hier wie mit einer Geheimschrift geschrieben, die nur das Bienenauge lesen kann.

Man muß immer wieder staunen, wie wunderbar die Blüte ihre beiden Aufgaben verbindet: Sie behütet die Samenanlage und ist doch offen und einladend für ihre Gäste. Aber warum will sie diese so dringend herbeilocken?

① Weiße Narzisse
② Apfelbaum
③ Schneeglöckchen
④ Margerite
⑤ Wiesen-Bärenklau
⑥ Vergißmeinnicht
⑦ Schwertlilie
⑧ Wiesen-Glockenblume
⑨ Wegwarte
⑩ Kriechender Günsel
⑪ Tauben-Skabiose
⑫ Garten-Stiefmütterchen
⑬ Tulpe
⑭ Rote Lichtnelke
⑮ Klatschmohn
⑯ Kapuzinerkresse
⑰ Studentenblume
⑱ Löwenzahn
⑲ Hohe Schlüsselblume
⑳ Frauenmantel
㉑ Lilie
㉒ Maiglöckchen
㉓ Honigbiene
㉔ Blütenbock
㉕ Schwebfliege
㉖ Marienkäfer
㉗ Hummel
㉘ Großer Kohlweißling

Blütenblatt
Staubbeutel
mit Pollen oder
Blütenstaub
Staubblatt
Staubfaden
Narbe
Stempel
Samenanlage
im Fruchtknoten
Nektar
Kelchblatt
Blütenstiel
1
2
3
4
5
6
7
8
9
10
11
12
13
14
15
16
17
18
19
20
21
22
23
24
25
26
27
28

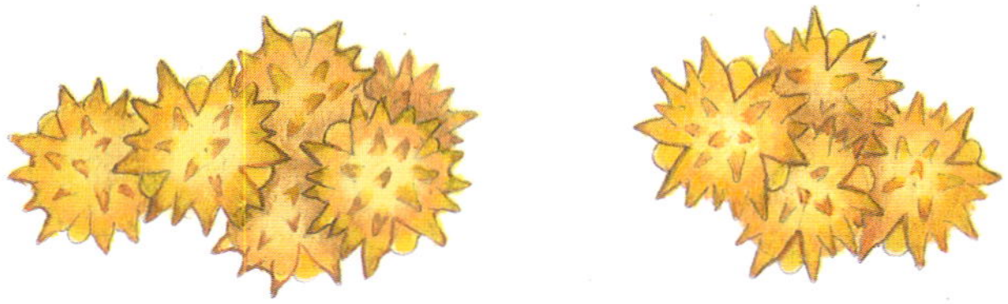

Klebriger Pollen des Löwenzahns (stark vergrößert)

Fliegende Boten tragen den Pollen aus

Das ist ein Summen im Apfelbaum ① und auf der Wiese! Unermüdlich sind die Bienen unterwegs. Eine taucht gerade in die Blüte eines Ackersenfs ②, um an den Nektar zu gelangen. Dabei heftet sich der klebrige Pollen an ihr Pelzchen. Nun fliegt sie zur nächsten Blüte. Dort bleiben ein paar Pollenkörnchen an der Narbe hängen. So läßt die feststehende Blume ihren Pollen durch fliegende Boten von Blüte zu Blüte tragen. Dies wichtige Ereignis im Blumenleben nennt man *Bestäubung.*

Bienen vagabundieren nicht wahllos zwischen unterschiedlichen Blumen hin und her, sondern halten immer einer Art für eine Weile die Treue. Deshalb sind ihre Flugbahnen auf dem Bild in verschiedenen Farben dargestellt. Man sagt, Bienen sind *blütenstet.* So gelangt der Pollen des Ackersenfs nicht in eine Apfelblüte, sondern meist in eine Blüte derselben Art. Das ist wichtig, denn nur sie kann damit etwas anfangen.

Nun wollen wir kurz einer Biene zuschauen, die sich im Flug den überschüssigen Pollen aus den Haaren kämmt. Sie stopft ihn flink in kleine Körbchen, die aus einem Haarkranz an ihren Hinterbeinen bestehen. Schwer beladen mit gelben Paketen und den Bauch voller Nektar, fliegt sie heim zum Bienenstock.

In den Körbchen trägt die Biene den Pollen heim.

Leichter und glatter Pollen einer Grasblüte (stark vergrößert)

Die Reise mit dem Wind

Die meisten Blüten werden von Insekten bestäubt. Manche aber haben einen anderen Helfer. Das ist der Wind. Dieser faule Bote trägt seine Post nicht ordentlich aus, sondern schleudert sie wahllos umher. Weder leuchtende Farben noch süßer Duft können ihn locken. Deshalb sind windbestäubte Blüten klein, duftlos und ohne Nektar. Den mehligen und glatten Pollen halten sie an besonders luftigen Stellen abholbereit.

Gräser ③ und Brennesseln ② gehören zu diesem Blütentyp, und auch der Haselnußstrauch ①. Seine langen Kätzchen bestehen nur aus Staubblättern. Viele Millionen Pollenkörner warten hier auf den Abtransport. An einem Frühlingstag, wenn die Luft besonders warm und trocken ist, geht es los. Ein kleiner Windhauch läßt die Troddeln erzittern, und schon schwebt eine gelbe Wolke davon. Noch hat der Haselnußstrauch keine Blätter, die die Reise behindern könnten. Je mehr Pollenkörner unterwegs sind, desto sicherer ist es, daß wenigstens einige ihr Ziel erreichen – die Narben. Diese sitzen getrennt von den Staubblättern als kleine rote Büschelchen auf den Ästen. An den klebrigen Narbenfäden bleibt der vorbeischwebende Pollen hängen wie Fliegen in einem Spinnennetz.

Bienen erhalten von den Blüten Nektar und Pollen als Nahrung für sich und das ganze Bienenvolk.

Blüten werden von Bienen bestäubt. Dadurch können sie Samen bilden und sich vermehren.

Einer hilft dem anderen

Was geschieht mit dem Pollen, den die Biene gerade von einem Klatschmohn auf die Narbe eines anderen gebracht hat? (Bild unten) Von außen kann man gar nichts sehen. Alles weitere geschieht nämlich im Innern des Fruchtknotens, in der Schatzkammer. Hier findet die *Befruchtung* statt. Dabei verschmilzt ein Teil des männlichen Pollenkorns mit dem winzigen *Ei* in der weiblichen Samenanlage. Aus dem so befruchteten Ei entsteht ein kleiner *Pflanzenembryo*. Die Mutterpflanze versorgt ihn mit Proviant und einer harten Schale.

Im Fruchtknoten des Mohns liegen viele Samenanlagen, und deshalb reifen in ihm auch viele Samen. Am Ende des Sommers kullern sie aus der trockenen Mohnkapsel.

Bienen bestäuben also die Blüten. Dafür geben die Blüten den Bienen Nahrung, nämlich Nektar und überschüssigen Pollen. Im Bienenstock spucken die Sammlerinnen den Nektar wieder aus und geben ihn an viele andere Bienen weiter. Dabei verwandelt er sich langsam in Honig. Gespeichert in den Waben, dient er dem Bienenvolk als Wintervorrat.

Sicher hast du es schon bemerkt: Blüten und Bienen brauchen einander. Sie sind unzertrennlich wie gute Freunde. Und Freunde mögen und helfen sich. In der Biologie nennt man das eine *Symbiose*. (Bild oben)

Diese Zusammenarbeit ist in der Natur von unendlicher Bedeutung. Sie sorgt dafür, daß auf unserer Erde immer wieder Blumen blühen und immer wieder Samen entstehen. Du kannst das hier am Jahreslauf der Kapuzinerkresse verfolgen. (Bild rechts)

Wir Menschen verdanken dieser Freundschaft nicht nur den Honig, sondern auch Äpfel und Kirschen, Himbeeren und Erdbeeren, Quitten und Orangen. All diese Früchte sind ja nichts anderes als Pflanzensamen in einer leckeren Hülle!

Biene bei der Bestäubung des Klatschmohns

Die Kapuzinerkresse im Jahreslauf

Im Frühling keimen die Samen der Kapuzinerkresse. Im Sommer bilden sich in den bestäubten und befruchteten Blüten die Samen. Im Herbst reifen sie und fallen zu Boden. Dort ruhen sie den ganzen Winter über, bis sie im Frühling wieder auskeimen …

Die gelehrige Biene an der Roßkastanie

Die Hummel als Nektardieb am Eisenhut

Blütennektar für viele Gäste

Jetzt zur Frühsommerzeit blühen überall an den Wegrändern die Taubnesseln. Beim nächsten Spaziergang kannst du einmal eine Blüte abzupfen. Wenn du am unteren Ende saugst, schmeckt es ein bißchen süß. Das ist der Nektar. Diese winzigen Tröpfchen holen sich die Insekten mit ihrem Rüssel wie mit einem Strohhalm heraus. *Rüssellänge* und *Blütenform* sind gut aufeinander abgestimmt.

Die meisten Blüten sind so gebaut, daß die emsigen Bienen, die Hauptbestäuber aller Blumen, sie gut auslecken können. In tiefere Blüten dringen Hummeln mit ihrem etwas längeren Rüssel ein. Bei ganz langen Röhrenblüten, Trichtern und Kelchen kommen nur noch Schmetterlinge zum Zuge. Aus flachen Schalenblüten nippen vor allem Schwebfliegen, Fliegen und verschiedene Blütenkäfer. So hat meist jeder sein »Stammlokal«.

Die Bewirtung ist nicht einfach. Bietet die Blüte zu viel Nektar, so werden die Gäste schnell satt und sitzen faul in der Sonne, anstatt weitere Blüten zu bestäuben. Das kommt vor allem bei Schmetterlingen, Fliegen und Käfern vor, die nur für den eigenen Magen sammeln. Bietet die Blüte zu wenig, suchen sich die Besucher enttäuscht etwas Besseres.

Manchmal zeigt die Blüte ihren Gästen schon von weitem, ob ein Besuch sich überhaupt lohnt. In den weißen Kerzen der Roßkastanie zum Beispiel kann man zweierlei Blütenzeichen entdecken. Gelbes Saftmal und Duft bedeutet – junge Blüte, viel Nektar. Rotes Saftmal und anderer Duft heißt – bestäubte Blüte, leer. Bienen und Hummeln lernen das schnell und sparen sich dann vergebliche Besuche.

An den Blüten des Eisenhuts ist gerade ein Einbrecher am Werk! Der Nektar steckt hier in der Helmspitze. Oft ist es den Hummeln zu mühsam, sich durch das enge Tor bis dorthin vorzuarbeiten und dabei die Blüte zu bestäuben. Sie beißen einfach von außen ein Loch in den Helm und stibitzen den Nektar, ohne der Blüte dafür einen Dienst zu erweisen. Und ist erst einmal ein Loch da, dann nutzen auch andere diese Gelegenheit zum Diebstahl.

I Blüten, die vor allem von Hummeln besucht werden

1. Weiße Taubnessel
2. Beinwell
3. Hornklee
4. Rot-Klee

II Blüten, die vor allem von Schmetterlingen besucht werden

1. Rote Lichtnelke
2. Kratzdistel
3. Tauben-Skabiose
4. Taubenkropf-Leimkraut

III Blüten, die vor allem von Schwebfliegen, Fliegen und Blütenkäfern besucht werden

1. Scharfer Hahnenfuß
2. Wilde Möhre
3. Wiesen-Bärenklau

Der Trick des Wiesen-Salbei

Inzwischen ist der Sommer eingezogen. Auf manchen Wiesen kann man Blumen in bunter Fülle finden. Jede versucht auf ihre Weise mit vielerlei Tricks die Bestäubung und damit die Samenbildung zu sichern. Für sie alle ist das ja das Wichtigste. Deshalb sorgen sie dafür, daß es bestimmt klappt.
Wie das der Wiesen-Salbei macht, wollen wir nun beobachten. Seine dunkellila Blüten sitzen in kleinen Kränzen rund um den Stengel. Die Unterlippe ist ein guter Landeplatz für Bienen und vor allem Hummeln. In den jungen, eben aufgegangenen Blüten sind die Staubblätter in der Oberlippe verborgen. Ganz vorne spitzt die Narbe wie eine gespaltene Schlangenzunge hervor. ①
Wenn die Biene ihren Kopf tief in den Schlund der Blüte bohrt, drückt sie unten gegen die Staubblätter, und diese klappen aus dem Schutzdach heraus. Wie zwei kleine Hämmerchen hauen sie dem Gast eine Ladung Pollen auf den Rücken. ② Du kannst selbst einmal Biene spielen: Schieb vorsichtig einen Grashalm in den Blütenrachen, und schon kommen die Staubblätter zum Vorschein. Ziehst du ihn zurück, verschwinden sie wieder.
In älteren Blüten welken die Staubblätter, dafür wächst nun die Narbe weit herunter. Beim Besuch einer solchen Blüte streifen die Bienen den Pollen an ihr ab. ③
Aber wäre es nicht viel einfacher, wenn in einer Blüte der eigene Pollen auf die eigene Narbe fiele? Ja, aber bei einer solchen *Selbstbestäubung* entsteht in der Regel kein gesunder keimfähiger Samen. Damit der Pollen möglichst aus einer anderen Blüte stammt, haben Blumen wie der Wiesen-Salbei einen Trick: Sie lassen zunächst den Pollen reifen, und später erst wird die Narbe bereit, Pollen aufzunehmen.
Siehst du den Kohlweißling? Für ihn ist die Salbeiblüte eigentlich nicht gebaut. Mit seinem dünnen, langen Rüssel holt er sich den Nektar, ohne die Staubblätter herauszuheben. Und nun hat die Blüte das Nachsehen und muß auf den nächsten Besucher warten.

Gefangen und betrogen

Manchmal ist aus dem freundlichen Zusammenspiel von Blüten und Insekten sogar ein einseitiges Ausnutzen geworden. Bei einer Blume, die ihre Gäste immer wieder in die Falle lockt, kann man wohl nicht mehr von Freundschaft sprechen, oder?

Der Aronstab ist eine sehr seltsame Pflanze. Im Frühjahr wächst ein spitzes, bleiches Blatt empor, das eine blaßlila Keule umhüllt. Diese leuchtet nicht nur recht unheimlich im Dämmerlicht des Waldes, sie stinkt auch gewaltig. Jedenfalls für unsere Nasen! Der Geruch nach Tierkot und Aas bedeutet für Fliegen und Aaskäfer Nahrung und einen guten Platz, die Eier abzulegen. Deshalb findet diese unfeine Gesellschaft den Aronstab so anziehend.

Vor allem kleine Schmetterlingsmücken versuchen dort zu landen, rutschen ab und purzeln in den Kessel. Wenn man das Hüllblatt aufschneidet, sieht man, was mit ihnen passiert: Aus Gästen werden Gefangene! Die Wände sind durch kleine Öltröpfchen so glatt, daß niemand hinausklettern kann, und außerdem versperrt ein Kranz harter Borsten wie ein Gitter den Ausgang. Schlecht geht es den Insassen nicht, denn hier ist es deutlich wärmer als draußen. Ruhelos kriechen sie umher, streifen den mitgebrachten Pollen an den weiblichen Blüten ab und holen sich dabei die Nektartröpfchen. Erst in der folgenden Nacht öffnen sich die Staubbeutel im oberen Teil der Blüte, und der gelbe Puder nebelt die Gefangenen ein. Am Morgen werden die glatten Wände runzlig, das Sperrgitter durchlässig und einer nach dem anderen krabbelt in die Freiheit.

Bald fallen sie jedoch auf die verlockenden Düfte des nächsten Aronstabes herein. Und wieder erwartet sie dort nicht ein guter Platz für ihre Eier, sondern eine Rutschbahn ins Gefängnis. Solche *Kesselfallenblüten* sind im großen Reich der Blumen aber eine Ausnahme.

In der Kesselfalle des Aronstabes sind kleine Schmetterlingsmücken gefangen.

Die lautlose Verteidigung

Pflanzen sind die Grundlage für alles Leben auf der Erde. Im Haushalt der Natur scheint es ihre Aufgabe zu sein, anderen das Leben zu ermöglichen: Sie sind Nahrung für die meisten Erdbewohner.
Überall und ohne Unterlaß machen sich hungrige Tiermäuler über sie her. Denk nur an Kühe, die Gras mampfen; oder an Schnecken, die über Nacht die zarten Pflänzchen wegputzen. Es knabbert und schmatzt, es nagt und raspelt an Zweigen und Blättern, an Samen und Früchten. Aber allen Pflanzenfressern zum Trotz – die Pflanzen überleben. Wie schaffen sie das?
Es hilft ihnen eine ganz einzigartige und erstaunliche Fähigkeit. Auch du hast sie schon oft gesehen. Kaum ist das Gras gemäht, wächst es schon wieder nach! Pflanzen können unaufhörlich wachsen, ihr ganzes Leben lang – bis zu ihrem Tod. Meist werden sie ja nicht ganz zerstört. Dann mobilisieren sie alle Kräfte, um die verlorenen Teile wieder zu ersetzen. Vor allem auch die Blätter. Denn hier entstehen mit Hilfe des Lichts die Nährstoffe, die sie zum Leben brauchen.
Pflanzen können vor ihren Feinden weder davonlaufen noch sich verkriechen. Sie können sich aber wehren, und manchmal sehr erfolgreich! Wie das die Brennessel macht, weißt du sicher selbst. Bei der geringsten Berührung brechen die feinen Brennhaare ab, und eine beißende Säure wird dem Angreifer in die Haut gespritzt.

① Reh
② Kuh
③ Wildkaninchen
④ Eichhörnchen
⑤ Hamster
⑥ Waldmäuse

Brennessel

Heckenrosen, Disteln und andere Blumen verteidigen sich mit ihren Stacheln und Dornen. Scharfe Zähnchen, Borsten oder klebrige Drüsen auf den Blättern können auch recht unangenehm sein.

Was nicht gut schmeckt, wird nicht gefressen! Das wissen auch die Pflanzen. Ätzende und bittere Stoffe vergällen den Appetit. Der Scharfe Hahnenfuß bleibt auf abgeweideten Wiesen oft unberührt in kleinen Inseln stehen. Die Kühe verschmähen ihn, denn er enthält ein scharf schmeckendes Gift. Auch nadelspitze Kristalle und unverdauliche Teile zwingen die gefräßigen Feinde, weiterzuziehen und sich etwas Besseres zu suchen.

Für diese Abwehr nutzen Pflanzen ihre *Abfallstoffe,* die sie ja nicht wie die Tiere ausscheiden können, sondern in den Blättern ablagern. Es ist ein lautloses, verborgenes Ringen ums Überleben. Da der Kampf nicht so dramatisch wie bei Tieren abläuft, nehmen wir wenig Notiz davon.

Seit Jahrmillionen gelingt es den meisten Blumen zu blühen, Samen zu bilden und so ihr Weiterbestehen zu sichern. Immer wieder konnten sie ihre »Schatzkammer« vor Feinden retten. Heute aber sind sie bedroht, und zwar von den Menschen. Denn gegen die Vernichtung des Lebensraumes, gegen Gifte im Boden, im Wasser und in der Luft sind Pflanzen wehrlos. Schon sind viele Blumenarten gefährdet oder bereits ausgerottet.

7 Singdrossel
8 Große Wegschnecke
9 Schnirkelschnecke
10 Maikäfer
11 Heuschrecke
12 Kartoffelkäfer
13 Schmetterlingsraupen

Heckenrose

Die Blumen-Uhr

Die Sommernacht ist vorüber. Ein heller Schein am Himmel verkündet den neuen Tag. Nun gehen als erste die Knospen der Heckenrose ① auf und verströmen einen zarten Duft. Nacheinander öffnen sich im Laufe des Tages eine Reihe von anderen Blumen. Nur für wenige Stunden bilden die Blüten reichlich Nektar und Pollen für die Insekten. Dann versiegen diese Quellen, und später schließen sich die Tore. Dies geschieht manchmal so pünktlich, daß man daran die Tageszeit ablesen kann, fast so genau wie auf einer Uhr. Einige Beispiele solch einer *Blumen-Uhr* sind hier zu sehen.

In der Morgendämmerung sprengt der Klatschmohn ② seine Kelchblätter ab und dehnt seine zerknitterte Krone. Die blitzeblaue Wegwarte ③ geht zusammen mit der Sonne auf. Im Laufe des Vormittags folgen dann Ackerwinde ④, Stengelloser Enzian ⑤, Tulpe ⑥ und Tausendgüldenkraut ⑦. Ziemlich genau zu Mittag platzen die Knospen der Passionsblume ⑧ – einer Zimmerpflanze –

Schmetterlinge sind besonders dann unterwegs, wenn ihre Lieblingsblumen viel Nektar haben.

⑬ Taubenschwänzchen
⑭ Bläuling
⑮ Großer Kohlweißling

auf. Am Nachmittag schließen sich Wegwarte ③, Karthäusernelke ⑨ und Ackerwinde ④ schon wieder, später die Weiße Seerose ⑩. Nun öffnen sich andere Blumen, zum Beispiel die Nachtkerze ⑪. Sie locken in der Abenddämmerung mit hellen Blüten und betörendem Duft ihre späten Besucher.

In der Dunkelheit, wenn ringsum alles schläft, ist es Zeit für die Königin der Nacht ⑫. Nur für eine einzige Nacht entfaltet sich diese wunderbare Kakteenblüte, die ihren Namen von einer griechischen Mondgöttin hat.

So bieten von morgens bis abends immer wieder andere Blüten eine lohnende Kost für die Insekten. Wenn alle zur gleichen Zeit bereit wären, würden sie sich gegenseitig die Gäste weglocken.

Bei Regen bleiben viele Blumen geschlossen, damit Nektar und Pollen nicht verwässern. Auch die Insekten schützen sich in einem Versteck. Herniedersausende Tropfen könnten ihre zarten Flügel beschädigen oder verkleben.

⑯ Admiral
⑰ Segelfalter
⑱ Blutströpfchen
⑲ Gammaeule
⑳ Ligusterschwärmer
㉑ Tigermotte

Das Blütenhaus

Auf Waldlichtungen und in manchen Gärten stehen die hohen Blütenstände des Fingerhuts ①. Dicht gedrängt baumeln die rosa Hütchen herab, deren Eingang mit einem Saftmal aus dunklen Punkten gut markiert ist. Du solltest aber deinen Finger lieber nicht hineinstecken! Erstens ist diese Blume giftig, zweitens könnte gerade eine Hummel darinnen sein. Hummeln lieben diese Blüten als Unterschlupf und Schutz vor Gewitterregen und Tau.

Würdest du auch gerne in einem Rosenhaus wohnen? Hier auf dem Bild ist der Mieter ein grünschillernder Rosenkäfer ②. Er bewohnt eine der schönsten Gartenrosen, eine Gloria Dei ③. Meist richtet er wenig Schaden an und mampft nur etwas von dem reichlichen Pollen.

Tief vergraben zwischen den duftenden Blütenblättern haben manchmal winzige Käfer ihr Zuhause. Aber auch in Disteln und anderen Blütenköpfchen wimmelt es oft von kleinsten Insekten und ihren Larven.

Auch Spinnen nisten sich häufig in den älteren, kugeligen Blüten der Wilden Möhre ④ ein. Die Krabbenspinne ⑤ lauert reglos auf der Margerite ⑥ und fängt ihre Beute ohne Netz. Sie kann sich gut tarnen und ihre Körperfarbe ziemlich genau der Blütenfarbe anpassen. Deshalb hat die Biene ⑦ sie ganz übersehen, und nun ist es zu spät zur Flucht.

Blumengeschichten

Was gibt es nicht alles über Blumen zu erzählen! Vom Großen Wegerich ① zum Beispiel. Er wuchs früher nur in Europa. Als die Siedler von hier aus nach Nordamerika auswanderten, trugen sie an Kleidern und Schuhen den Samen mit ins fremde Land. Dieser zähe Begleiter breitete sich rasch aus, denn weder Fußtritte noch Wagenräder konnten ihm etwas anhaben. Die Indianer nannten ihn deshalb »die Fußspur des weißen Mannes«.

Die Zwiebeln der wilden Tulpe wurden eines Tages von Reisenden aus Vorderasien nach Holland gebracht. Bald waren die Menschen dort wie besessen von dem Wunsch, diesen Fremdling zu besitzen. Das »Tulpenfieber« brach aus! Mancher opferte sein ganzes Vermögen für eine einzige Zwiebel. Heute kann man Tulpen ② überall recht billig kaufen.

In vielen Blumennamen steckt ein Hinweis auf Farbe, Form oder Lebensweise der Pflanzen. Wem die Tigerlilie ③ gleicht, ist hier leicht zu sehen. Und kannst du dir denken, woher Osterglokken ihren Namen haben? Die blaue Wegwarte ist am Wegrand zu Hause. In manchen Gegenden wird sie auch Wegeleuchte, Wegweiser oder Wegwächter genannt. Damit es keine Verwirrung gibt, haben Fachleute die Blumen übersichtlich geordnet. Jede hat einen lateinischen Namen bekommen, der in allen Ländern gültig ist.

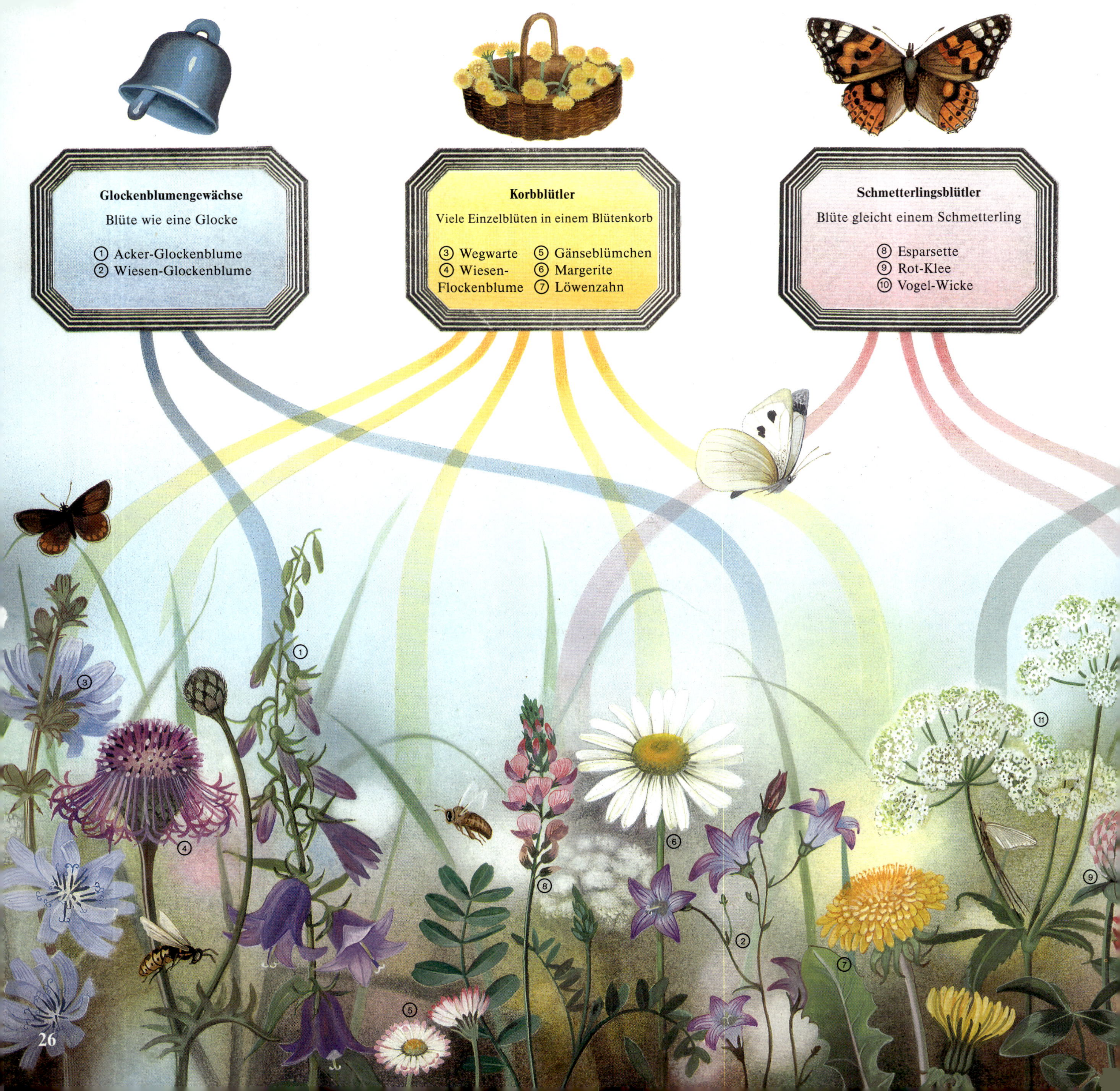
Glockenblumengewächse
Blüte wie eine Glocke
① Acker-Glockenblume
② Wiesen-Glockenblume
Korbblütler
Viele Einzelblüten in einem Blütenkorb
③ Wegwarte
④ Wiesen-Flockenblume
⑤ Gänseblümchen
⑥ Margerite
⑦ Löwenzahn
Schmetterlingsblütler
Blüte gleicht einem Schmetterling
⑧ Esparsette
⑨ Rot-Klee
⑩ Vogel-Wicke
⑪

Ordnung auf der Sommerwiese

Siehst du die kleinen Gänseblümchen? Auf der ganzen Welt sehen sie sich alle gleich. Sie gehören alle einer *Art* an und heißen auf lateinisch *Bellis perennis.*
Das Gänseblümchen hat Verwandte, deren Blüten ähnlich aufgebaut sind. Gemeinsam mit diesen Verwandten bildet es eine *Familie.* So gehören Gänseblümchen, Margerite, Löwenzahn und andere Arten zur Familie der *Korbblütler.* Der Name beschreibt sehr gut den Bau dieser Blüten: Wie in einem Körbchen sind viele einzelne Blüten vereint, so daß sie aussehen wie eine große Blüte. Für die Familie der *Glockenblumengewächse* ist das fünfzipfelige Glöckchen typisch. Die Mitglieder jeder Blumenfamilie haben also bestimmte gemeinsame Merkmale. Alle Familien bilden zusammen das große *System der Blütenpflanzen,* und jede Art hat dort ihren eigenen Platz.
Es macht Spaß, einige Blumen in einem Album oder Herbarium zu sammeln. Der Scharfe Hahnenfuß hier auf dem Bild wurde zwischen Löschpapier oder Zeitungen gelegt, unter einem Ziegelstein gepreßt und dann auf Papier geklebt. Zum Aufbewahren ist eine Klarsichtfolie ein guter Schutz.
Ein Bestimmungsbuch kann dir helfen, die Blumennamen herauszufinden. Dort sind alle Pflanzen abgebildet, und eine davon gleicht sicher auch deiner. Wichtig ist, daß du dir die ganze Pflanze genau ansiehst. Sind ihre Blätter rund oder spitz? Welche Farbe haben die Blüten? Sind die Stiele aufrecht oder kriechen sie am Boden? Weißt du auch noch, wo der Standort der Blume war? Hast du sie im Wald, auf der Wiese oder am Wegrand gefunden? Paß auf, bald wirst du ein richtiger Blumenexperte!

Von Mohnpüppchen und Blütenbildern

Blumenpflücken auf einer Sommerwiese, das ist sehr verlokkend! Für einen dicken Strauß sind diese *Wildblumen* aber viel zu kostbar. Natürlich möchte man zu Hause ihre Schönheit genießen oder ihre Blüten mit einem Vergrößerungsglas ganz genau studieren. Hierfür reichen jedoch wenige Exemplare. Zwischen feuchtem Papier bringt man sie behutsam heim. Dort schneidet man sie nochmals ab, damit sie in der Vase rasch wieder die Köpfe heben.
Manche Blumen sind heute so selten geworden, daß man ihnen überhaupt keine Blüte »rauben« darf. Sie brauchen jede einzelne, um Samen zu bilden. Sonst ist das Weiterbestehen dieser *geschützten Pflanzen* in Gefahr.
Von den *Wildkräutern* jedoch, die oft verächtlich Unkräuter genannt werden, kannst du schon einige nach Hause nehmen. Es sind wunderhübsche Blumen wie Löwenzahn, Hahnenfuß oder Gänseblümchen. Auch die Wilde Möhre und der Klatschmohn können ohne Schaden ein paar Blütenstände, Knospen und Fruchtkapseln entbehren. Paß auf, was man damit alles machen kann.
Wenn man bei den abgeschnittenen Mohnknospen ① die Kelchblätter vorsichtig zur Seite zieht, kommen die feuerroten Blütenblätter zum Vorschein. Sie sind das Kleid der

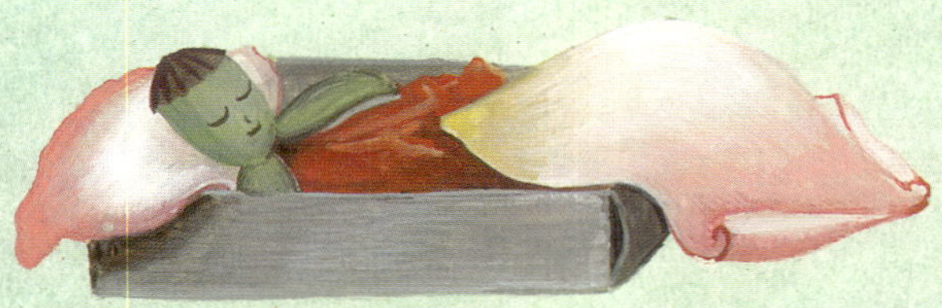

kleinen Mohnpüppchen. Als Kopf dient eine grüne Kapsel ②. Ihren Stiel schneidet man ab und drückt an dieser Stelle mit einem spitzen Bleistift ein kleines Loch hinein. Nun setzt man die Kapsel auf das Stielende der Knospe, und fertig ist die Dame! Manchmal mag sie nicht stehenbleiben, dann hilft ein bißchen Knetgummi unter dem roten Rock. Vielleicht ist sie müde und macht es sich in einem Blütenbett bequem?

Wenn draußen den ganzen Tag der Regen rauscht, könntest du aus gepreßten Blüten und Blättern allerhand Bilder erfinden. Einen kleinen Kranz aus Gänseblümchen, Vergißmeinnicht oder Stiefmütterchen? Eine Prinzessin aus Blütenblättern? Sicher fällt dir vieles dazu ein. Am besten, du fängst gleich an, dir einen Vorrat gepreßter Pflanzenteile anzulegen. Alles, was nicht zu dick und zu saftig ist, eignet sich dafür. Besonders schön sind auch Gräser, Farne, bunte Herbstblätter und natürlich ein vierblättriges Kleeblatt. Etwas Geduld brauchst du schon. Es kann drei Wochen und länger dauern, bis alle Teile in der Presse ganz glatt und trocken sind. Dann erst solltest du die zerbrechlichen Blättchen herausnehmen und mit einem winzigen Tupfer Klebstoff befestigen. Aber die Mühe lohnt sich! Für deine liebsten Freunde kannst du nun Briefe, Einladungskarten oder Geschenke schmücken.

Blumenzauber

Inzwischen ist es Herbst geworden. Zeit, um in Beeten und Balkonkästen Stiefmütterchen anzupflanzen, die gerade jetzt besonders schön und in vielerlei Farben blühen. »Schiefgesichtchen« nennt sie der Gärtner. Auf Wiesen und Feldern findet man sie nirgends, nur in Gärten. Woher kommen eigentlich diese Gartenblumen?
Ähnlich wie ein Zauberer aus seinem Zylinder Überraschungen hervorzaubert, so können Blumenzüchter aus einer wild wachsenden Blume eine Gartenblume entstehen lassen. Sie brauchen dazu allerdings viele Jahre.
Solch eine *Wildform* ist das unscheinbare Ackerstiefmütterchen am Feldrand. Zusammen mit anderen wilden Verwandten ist aus ihm eine *Kulturform,* das Gartenstiefmütterchen, gezüchtet worden.
Aber aus dem Samen des Ackerstiefmütterchens wächst doch wieder ein Ackerstiefmütterchen! Ebenso wie aus dem Löwenzahnsamen wieder ein Löwenzahn. Jeder Same trägt nämlich eine Botschaft in sich. Sie sagt ihm genau, was aus ihm einmal werden soll, welche Blütenform und welche Blütenfarbe er bilden muß.

Hin und wieder gerät diese Botschaft aber plötzlich durcheinander. Dann kann man in der Natur Blumen finden, die ein klein wenig anders aussehen als ihre Artgenossen.
Vielleicht hat ein aufmerksamer Blumenfreund einmal ein Ackerstiefmütterchen mit einer etwas größeren Blüte entdeckt. Er pflegte es in seinem Garten und freute sich, daß die Nachkommen auch so großblumig waren. Die neue Botschaft im Samen hatte sich also vererbt.
Später haben Blumenzüchter mit viel Zeit und Mühe die Botschaften in den Stiefmütterchen immer wieder künstlich gemischt und mit bestimmten Stoffen verändert. Dabei entstanden ungeheuer viele neue Spielarten der Blüte. Nur die größten, schönsten und widerstandsfähigsten durften weiterwachsen und Samen bilden. So ist im Laufe der Zeit das Gartenstiefmütterchen herausgezüchtet worden. Ackerstiefmütterchen und andere Wildformen sind seine Vorfahren. All unsere Gartenblumen haben solch »wilde Ahnen« in ihrem Stammbaum.
Übrigens, 25 Stiefmütterchen schauen dich hier an. Nur zwei davon sind sich zum Verwechseln ähnlich. Kannst du sie finden?

①
②

Vom Welken und Verblühen im Herbst

Den ganzen Sommer über drehte die Sonnenblume ① ihr Gesicht nach Süden, der Sonne entgegen. Nun, im Herbst neigt sie den Kopf unter der Last der Samen. Die Blütenblätter welken und sinken zu Boden. Und mit ihnen geht auch das Leben vieler Insekten zu Ende.
Die Aufgabe der meisten Blüten ist jetzt erfüllt. Endlich öffnen sie ihre Schatzkammern – die reifen Samen sind frei! Gut geschützt liegt ein kleiner Pflanzenembryo in jedem von ihnen. Nun starten sie ins eigene Leben, verteilen sich weit übers Land und sichern so die Vermehrung der Blumen. Hierbei helfen ihnen wieder die gleichen Boten wie schon beim Pollentransport.
Leichte Samen wandern mit dem Wind. Löwenzahnsamen schweben an kleinen Schirmchen davon ③. Mohnsamen ④ werden aus der schwankenden Kapsel geschüttelt.
Schwere Samen schaffen die Reise nur mit Hilfe der Tiere. Die Kohlmeise ② wird sicher unterwegs manchen Sonnenblumenkern verlieren und so zur Ausbreitung der Blume beitragen. Viele wird sie jedoch auch verspeisen. Solch ein Verlust ist ein hoher Preis, den Blumen für den Transport zahlen müssen. Aber nicht immer! Veilchensamen ⑥ besitzen einen kleinen, schmackhaften Anhang, extra zum Abknabbern für die Ameisen. Dabei verschleppen sie die Samen, die dann unbeschädigt liegenbleiben. Deshalb findet man entlang der Ameisenwege oft eine »Veilchenallee«. Kennst du die stacheligen Kletten ⑦? So wie in unsere Socken haken sie sich als blinde Passagiere auch ins Fell vieler Tiere.
Manchmal hilft die Mutterpflanze selbst bei der Verbreitung ihrer Kinder. Das Springkraut ⑤ zum Beispiel nennt man auch »Rühr mich nicht an«. Bei einer kleinen Berührung explodieren nämlich die reifen Früchte und schießen die Samen viele Meter weit weg.
Überall verstreut liegen nun die Samen in Ritzen und Spalten der Erde. Meist ist ihre Entwicklung in dieser Zeit durch die *Samenruhe* gehemmt. So kann sie auch ein milder Herbst nicht zum Auskeimen verlocken. Vor dem kalten Winter wäre das ihr Verderben.

Blumenfreuden im Winter

Vorbei ist draußen nun das bunte Blumenjahr! Richtige Blumenfreunde haben aber vorgesorgt und sich ein wenig von der sommerlichen Pracht für den Winter aufbewahrt. Manche Blumen kann man nämlich trocknen.
Strohblumen ① zum Beispiel halten dabei ihre Farbe und Form besonders gut. Im Sommer schneidet man sie kurz vor dem Aufblühen ab und hängt sie kopfüber an einen trockenen, dunklen Ort. Jetzt im Herbst steckt man sie zu schönen Trockensträußen zusammen. Rosenknospen ②, Geranien ③ und Schafgarben ④ aus dem Garten eignen sich auch gut dazu. Oder ein paar Getreideähren und Gräser.
Wenn man die Nase in getrocknete Blütenblättchen von Rosen und Lavendel ⑤ steckt, kann man fast denken, es sei noch Sommer. Man bewahrt sie in einem geschlossenen Gefäß auf, damit ihr Duft erhalten bleibt. Oder man legt sie extra zum Verduften in einem kleinen Stoffsäckchen in den Schrank. Vor allem aber in *Parfüms* aus Rosen und Lavendel, Maiglöckchen und Veilchen nutzen wir für uns die herrlichen Blütendüfte, die eigentlich Insekten anlocken sollten.
Jetzt im Herbst kannst du zu deinem Herbarium auch eine kleine Samensammlung anlegen, mit Sonnenblumenkernen, den Samen der Kapuzinerkresse ⑥ oder was du sonst noch findest. Wenn du die Kapuzinerkresse im nächsten Jahr wieder aussäst, kannst du die Blumen-Uhr von neuem ablaufen lassen.

Wenn draußen alles kalt und starr ist, möchten sich viele Menschen trotzdem mit etwas Lebendigem beschäftigen, zum Beispiel mit grünenden, blühenden Zimmerpflanzen. Sie sind ganz auf unsere Versorgung mit Wasser, Nährstoffen und Licht angewiesen. Hin und wieder müssen wir die meisten von ihnen abduschen, da kein Regen ihre Blätter abwaschen kann.
Die Wildformen vieler Zimmerpflanzen stammen aus fernen Ländern. Natürlich hat man zur Züchtung vor allem solche ausgewählt, die im Winter blühen, wie etwa den Weihnachtskaktus⑦.
Auch der Weihnachtsstern leuchtet im Zimmer mit seinen Blüten. Aber halt, das sind ja nur *Scheinblüten* aus weißen, oft auch roten Blättern⑧! Sie haben die Aufgabe der Blütenblätter übernommen. Die eigentliche Blüte⑨ sitzt ganz klein und unscheinbar in der Mitte. Die herrlichen weißen und roten Blüten des Rittersterns⑩, auch Amaryllis genannt, mag ich besonders gern. Hast du auch eine Lieblingsblume?
So machen uns Blumen das ganze Jahr hindurch froh und heiter. Über den kunstvollen Bau der Blüten müssen wir immer wieder staunen. Ihre Pracht und vielfältige Schönheit ist aber eigentlich nicht für uns Menschen gemacht, sondern für die Blütengäste. Sie haben den Blumen unermüdlich geholfen, Samen zu bilden. Nur so kann im Frühling das millionenfache Aufblühen wieder beginnen.

Was alles in diesem Buch steht

Blumen sind Lebewesen besonderer Art (Seite 6/7)
Was Pflanzen und Tiere gemeinsam haben und was sie unterscheidet

Vom Wachsen und Blühen im Frühling (Seite 8/9)
Von der Tulpenzwiebel, die aus der Winterruhe erwacht / Woran Blumen die Jahreszeiten erkennen

Die Blüte als Schatzkammer und Gaststube (Seite 10/11)
Was alles zu einer Blüte gehört und was ihre Aufgaben sind / Von Farben, Düften und geheimen Wegweisern für Blütengäste

Fliegende Boten tragen den Pollen aus (Seite 12)
Wie Bienen die Blumen bestäuben und dafür reichen Lohn nach Hause tragen

Die Reise mit dem Wind (Seite 13)
Von unscheinbaren Blüten, die ihren Pollen vom Wind davontragen lassen

Einer hilft dem anderen (Seite 14/15)
Von der Freundschaft zwischen Blumen und Insekten, und wie sie gegenseitig ihr Weiterbestehen sichern

Blütennektar für viele Gäste (Seite 16/17)
Wie die Insekten an den Nektar gelangen / Von gelehrigen Besuchern und einem faulen Dieb

Der Trick des Wiesen-Salbei (Seite 18)
Von Hämmerchen und Schlangenzungen / Wie manche Blumen die Selbstbestäubung verhindern

Gefangen und betrogen (Seite 19)
Warum der Aronstab so stinkt / Wie aus Gästen Gefangene werden

Die lautlose Verteidigung (Seite 20/21)
Wie es manchen Pflanzen gelingt, sich vor gefräßigen Tieren zu schützen / Warum ihr Weiterbestehen durch die Menschen gefährdet ist

Die Blumen-Uhr (Seite 22/23)
Wann Blüten sich öffnen und schließen, und warum sie ihre Gäste nur zu bestimmten Zeiten bewirten

Das Blütenhaus (Seite 24)
Von Blüten als Unterschlupf für Insekten und als Räuberhöhle für Spinnen

Blumengeschichten (Seite 25)
Über die Heimat einiger Blumen, ihre Namen und die nützliche lateinische Sprache

Ordnung auf der Sommerwiese (Seite 26/27)
Vom kleinen Gänseblümchen und dem großen System der Blütenpflanzen / Wie man Blumen ordnet und ein Herbarium anlegt

Von Mohnpüppchen und Blütenbildern (Seite 28/29)
Wildblumen und geschützte Pflanzen / Was man aus Blüten alles machen kann

Blumenzauber (Seite 30/31)
Vom Gartenstiefmütterchen und seinen wilden Vorfahren

Vom Welken und Verblühen im Herbst (Seite 32/33)
Abschied von den Blüten und ihren Gästen / Von reifen Samen und ihrer Verbreitung durch Wind und Tiere

Blumenfreuden im Winter (Seite 34/35)
Von Trockensträußen und Sommerduft / Von Blumen, die im Zimmer blühen

Was ist wo zu finden?

Abfallstoffe 21
Art 27
Befruchtung 14
Bestäubung 12, 14, 18
Blütenblätter 10, 11, 33
Blütenform 16
Blütenstaub 11
Blütenstiel 11
Brennhaare 20
Doldenblütler 26
Dornen 21
Duft 10, 16, 19, 22, 23, 34
Familie 27
Fruchtknoten 10, 11, 14
Geschützte Pflanzen 28
Glockenblumengewächse 26, 27
Herbarium 27
Honig 14
Kelchblätter 10, 11
Kesselfallenblüte 19
Knolle 6
Korbblütler 26, 27
Kulturform 30
Nährstoffe 8, 20, 35
Narbe 10, 11, 12, 13, 14, 18
Nektar 10, 11, 12, 13, 14, 16, 18, 19, 22, 23
Pflanzenembryo 14, 33
Pollen 10, 11, 12, 13, 14, 18, 19, 22, 23, 24
Rüssel 16, 18
Saftmal 10, 16, 24
Samen 7, 9, 14, 15, 25, 28, 30, 33, 34, 35
Samenanlage 10, 11, 14
Samenruhe 33
Scheinblüte 35
Schmetterlingsblütler 26
Selbstbestäubung 18
Stacheln 21
Staubbeutel 10, 11, 19
Staubblätter 10, 11, 13, 14, 18
Staubfaden 11
Stempel 10, 11
Symbiose 14
System der Blütenpflanzen 27
Trockenstrauß 34
Vermehrung 10, 33
Wildblumen 28
Wildform 30, 35
Wind 13, 33
Zimmerpflanzen 35
Züchtung 30, 35
Zwiebel 6, 8, 25

Wild-, Garten- und Zimmerpflanzen

Ackersenf 12
Ackerwinde 22, 23
Amaryllis 35
Apfelbaum 10, 12
Aronstab 19 ▼
Wiesen-Bärenklau 10, 17
Beinwell 17
Brennessel 13, 20
Christrose 8 ▼
Distel 6, 21, 24
*Kratz*distel 17
Eisenhut 16 ▼
Stengelloser Enzian 22 ▼
Esparsette 26
Fingerhut 24 ▼
Kriechendes Fingerkraut 10
Wiesen-Flockenblume 26
Frauenmantel 10
Gänseblümchen 26, 27, 28, 29
Geranie 34
Giersch 26
Acker-Glockenblume 26
Wiesen-Glockenblume 10, 26
Gras 13, 20, 29, 34
Kriechender Günsel 10
Scharfer Hahnenfuß 17, 21, 27, 28
Haselnußstrauch 13
Hyazinthe 9
Kapuzinerkresse 10, 14, 15, 34
Karthäusernelke 23 ▼
*Roß*kastanie 16
Klatschmohn 10, 14, 22, 28, 33
*Horn*klee 17
Rot-Klee 17, 26
Klette 33
Königin der Nacht 23
Krokus 8
Lavendel 34
Taubenkropf-Leimkraut 17
Rote Lichtnelke 10, 17
Lilie 10
*Tiger*lilie 25
Löwenzahn 6, 7, 10, 12, 26, 27, 28, 30, 33
Maiglöckchen 10, 34 ▼
Margerite 10, 24, 26, 27
Wilde Möhre 17, 24, 26, 28
Nachtkerze 23
Weiße Narzisse 9, 10
Osterglocke 9, 25
Passionsblume 22
Primel 9
Ritterstern 35
Rose 6, 34
Gloria Dei 24
*Hecken*rose 21, 22
Wiesen-Salbei 18
Schafgarbe 34
Hohe Schlüsselblume 10 ▼
Schneeglöckchen 8, 10 ▼
Schwertlilie 10
Weiße Seerose 23 ▼
Tauben-Skabiose 10, 17
Sonnenblume 33, 34
Großes Springkraut 33
Stiefmütterchen 10, 29, 30
*Acker*stiefmütterchen 30
*Garten*stiefmütterchen 10, 30
Strohblume 34
Studentenblume 10
Taubnessel 16
Weiße Taubnessel 17
Tausendgüldenkraut 22
Tulpe 6, 8, 9, 10, 22, 25
Veilchen 33, 34
Vergißmeinnicht 10, 29
Großer Wegerich 25
Wegwarte 10, 22, 23, 25, 26
Weihnachtskaktus 35
Weihnachtsstern 35
Vogel-Wicke 26

Tiere

Ameise 33
Biene 10, 12, 14, 16, 18, 24
Eichhörnchen 20
Fledermaus 10
Fliegen 16, 17, 19
Schmetterlingsmücken 19
Schwebfliege 10, 16, 17
Hamster 6, 20
Hase 7
Heuschrecke 21
Hummel 10, 16, 17, 18, 24
Igel 6
Insekten 7, 10, 13, 16, 19, 22, 23, 24, 33, 34
Käfer 16, 24
Aaskäfer 19
Blütenbock 10
Blütenkäfer 16, 17
Kartoffelkäfer 21
Maikäfer 21
Marienkäfer 10
Rosenkäfer 24
Katze 6
Kuh 20, 21
Maus 7
Waldmaus 7, 20
Reh 20
Schmetterlinge 10, 16, 17, 22
Admiral 23
Bläuling 22
Blutströpfchen 23
Gammaeule 23
Großer Kohlweißling 10, 18, 22
Ligusterschwärmer 23
Segelfalter 23
Taubenschwänzchen 22
Tigermotte 23
Schmetterlingsraupen 21
Schnecke 20
*Schnirkel*schnecke 21
Große Wegschnecke 21
Spinnen 24
Krabbenspinne 24
Vögel 10
Amsel 8
Grasmücke 6
Kohlmeise 33
Schwalbe 7
Singdrossel 21
Waldkauz 6
Wildkaninchen 20

▼ Geschützte Wildpflanzen